美好家国

——全路“三线”建设成果掠影

中华全国铁路总工会　编著

中国铁道出版社有限公司
CHINA RAILWAY PUBLISHING HOUSE CO., LTD.

家

前　言

国铁集团党组认真贯彻以人民为中心的发展思想，制发《“十四五”改善职工生产生活条件规划》等重要文件，积极解决职工生产生活实际问题，提升职工生活品质。各单位把“三线”（生活线、文化线、卫生保健线）建设作为改善职工生产生活条件的重要抓手，持续加大“三线”投入、建设、管理力度，精准实施高原、山区铁路“三线”短板补强，推动“三线”建设与安全、健康、文化、体育等融合发展，打造具有鲜明地域特征、行业特点、站区特色的“三线”品牌，不断满足职工对美好生活的向往，夯实企业与职工命运共同体。2021 年以来，全路共投入“三线”建设资金 75.38 亿元，其中工会投入 20.74 亿元，新建和改造各类宿舍、食堂、浴室、卫生间、菜园、养殖场等共计 17.14 万个，切实解决沿线职工实际问题，增强了职工获得感、幸福感、安全感。为进一步总结建线管线成果，加强典型示范引领，汇聚广大职工力量，构建企业与职工命运共同体，铁路总工会特编著《美好家园——全路“三线”建设成果掠影》，供各单位学习借鉴、共同提高。

2023 年 12 月

目录

哈尔滨车辆段五人制足球场

哈尔滨局集团公司“三线”建设概览

近年来，哈尔滨局集团公司始终坚持以人民为中心的发展思想，站在为哈局谋未来、为职工造福祉的高度，把“三线”建设这一惠民利民工程作为最直接、最有力的抓手，不断探索实践改善职工生产生活条件、提升职工生活品质的新路子，着力打造“点、线、区”融合发展，一体化协同推进的精品工程，让“三线”建设在百年哈局开新花、结硕果。2021 年以来，为持续满足职工美好生活需要，哈尔滨局集团公司工会投入“三线”建设资金 1.3 亿元，新建和修缮改造职工宿舍（间休室）5721 间、食堂（伙食点）1462 间、浴室 1064 间、洗衣间 369 间、更衣室 842 间、健康保健室 206 间、蔬菜大棚（菜园）351 个、养殖基地 16 个、活动室 186 间、篮球场地 36 处、羽毛球场地 12 处、足球场地 3 处、室外健身路径 148 组、爱心屋 5 间、净水设备 258 台，投入 1575.4 万元补充更新小药箱药品，实现了管内沿线站区“三线”建设无盲区、全覆盖，为推动哈尔滨局集团公司实现高质量发展提供了坚实保障。

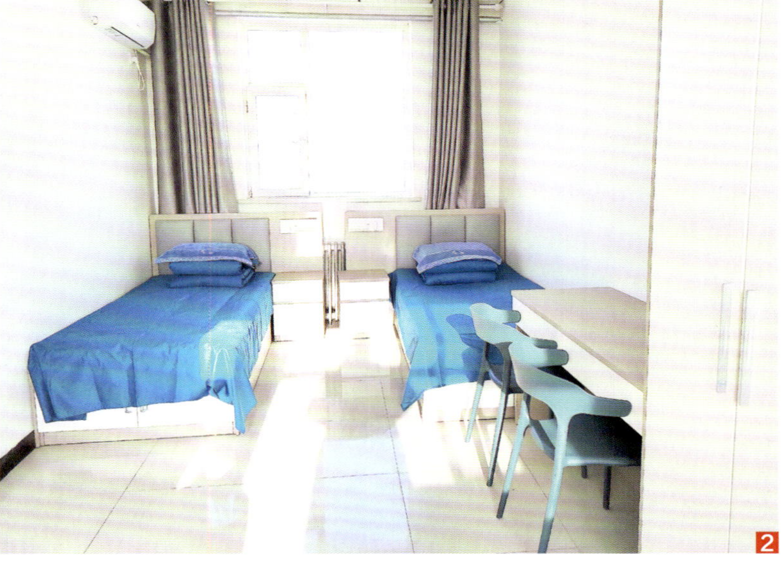

1. 哈尔滨动车段职工健康保健室
2. 佳木斯车务段客运间休室
3. 哈尔滨机务段职工洗衣间

1. 哈尔滨国铁科技集团有限公司职工食堂
2. 海拉尔乘务基地职工食堂
3. 加格达奇工务段林海工区蔬菜大棚
4. 大庆车务段高家站职工菜园
5. 集团公司文化列车走进佳木斯工务段慰问演出
6. 三棵树机务段职工足球场

苏家屯机务段“和谐之音”雕塑

沈阳局集团公司“三线”建设概览

近年来，沈阳局集团公司大力实施“三五三”工程，即：生活线、文化线、卫生保健线，小食堂、小浴室、小宿舍、小活动室、小学习室，以及菜园、花园、果园建设工程；坚持因地制宜、实际实用的原则，持续推进“三线”建设巩固提高、“五小”建设提质升级、“三园”建设内涵深化，不断改善职工生产生活条件，提升职工获得感、幸福感和安全感。2021 年以来，沈阳局集团公司累计投入资金近 10 亿元，其中工会投入资金 2 亿元，目前，沈阳局集团公司建有“五小、三园”处所 28702 处，其中小宿舍 16575 间、小食堂 2479 间、小浴室 2907 间、小学习室 1749 间、小活动室 1158 间、小菜园 1587 个、小果园 1274 个、小花园 973 个。

1. 苏家屯机务段职工健身长廊
2. 沈阳机务段机车乘务员“大车驿站”
3. 吉林车辆段梅河口运用车间小菜园
4. 吉林车辆段棋盘运用车间小菜园

1. 吉林车辆段职工食堂
2. 苏家屯机务段苏家屯运用车间为职工配备小药箱
3. 霍林郭勒运维段西乌旗职工食堂
4. 集团公司职工才艺大赛
5. 集团公司职工运动会

北京局集团公司霸州西高铁综合维修车间

北京局集团公司“三线”建设概览

北京局集团公司坚持发展依靠职工、发展为了职工、发展成果与职工共享，以实施“小伙食团、小宿舍、小浴室、小卫生间、小文化（活动）室”工程建设为抓手，持续打造企业与职工命运共同体，实现职工生活品质普遍提升。2021 年以来，北京局集团公司累计投入资金 5.45 亿元，整治“五小”设备设施 1187 处；工会累计投入资金 1007 万元，建成 3 亩以上职工种养殖基地 105 个；累计投入资金 3976 万元，为 94 个单位建设活动场所 227 个；累计投入资金 3102 万元，为车间、班组“健康小药箱”补充药品。

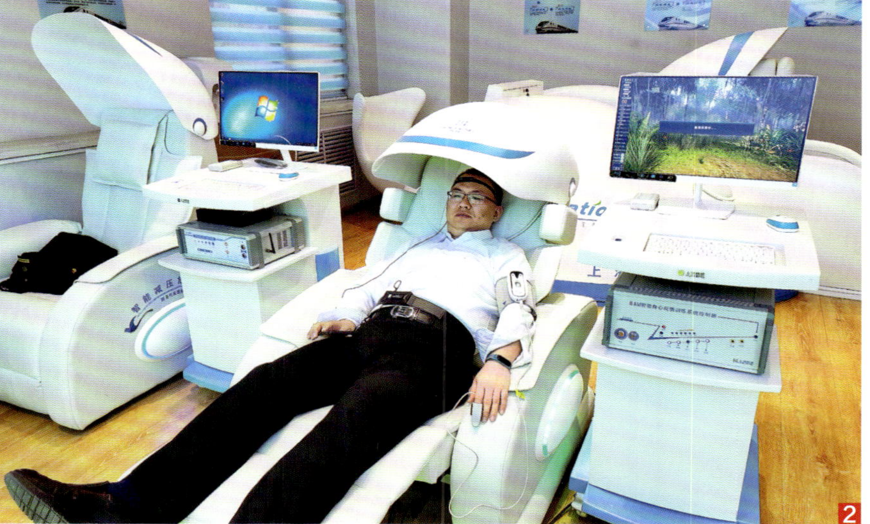

1. 唐山供电段音乐室
2. 石家庄电力机务段动车组运用车间心理减压室
3. 北京大型养路机械运用检修段宿营车餐车
4. 北京车辆段职工单身宿舍盥洗室
5. 衡水车务段霸州站职工食堂

1. 衡水车务段八里庄站小宿舍
2. 天津客运段曹庄种养殖基地
3. 石家庄车辆段种植大棚
4. 北京动车段综合运动场

湖东车辆段重载文化广场

太原局集团公司“三线”建设概览

2021 年以来，太原局集团公司认真贯彻落实国铁集团深化改善职工生产生活条件工作部署，以推进京原、京包、侯月、大秦、北同蒲线等专项整治为重点，推动职工生活品质显著提升。太原局集团公司在“三线”建设上累计投入资金 7.18 亿元，其中工会投入 1.48 亿元，累计新建和整治职工宿舍（间休室）4302 间、伙食团207 个、洗浴室 935 间、职工驿站及文体活动场 228 个，职工宿舍家具实现全屋定制，配套设施优化升级，打造了一批标准化食堂、洗衣晾衣间和浴室。太原局集团公司连续两年实施“清凉度夏工程”和“净水工程”，工会投入 2826 万元，为职工更换、新装空调 3513 台，净水设备 2557 台，职工生产生活环境全线优化，获得感、幸福感、安全感进一步增强。

1. 侯马北车辆段职工之家
2. 太原车辆段职工健康检查
3. 太原供电段太西接触网工区职工之家
4. 侯马车务段翼城东站区职工之家

1. 太原工务段职工宿舍
2. 湖东车辆段湖东职工食堂
3. 侯马北车辆段生态果园
4. 湖东车辆段职工篮球场网球场
5. 湖东车辆段室外健康步道

呼和浩特机务段送药下基层

呼和浩特局集团公司“三线”建设概览

呼和浩特局集团公司 2021 年以来累计投入资金 3.1 亿元解决 199 个站区内涉及职工生产生活的上下水不畅、采暖不良、屋面漏雨等 528 项突出问题；投入 454 万元，建成 106 间集健康维护、身心放松减压等多功能于一体的职工健康屋；投入 635 万元，为基层单位补充更新班组小药箱 1.5 万余个，为机车乘务员、单岗作业人员补充小药包 1.8 万余个，对常用药和夏季防暑防蚊药进行二次补充；建成包头车辆段、二连地区、准格尔站区职工活动中心和火车头体育健身活动中心气膜馆，建成室外塑胶篮球场 16 个、笼式足球场 2 个、塑胶操场 1 个，基本实现室外活动场地塑胶化。

1. 呼和浩特通信段响沙湾车间职工装饰间休室
2. 职工在呼和浩特房建公寓段呼和浩特行车公寓食堂
3. 呼和浩特机务段图书室
4. 罕台川站职工动手建家园

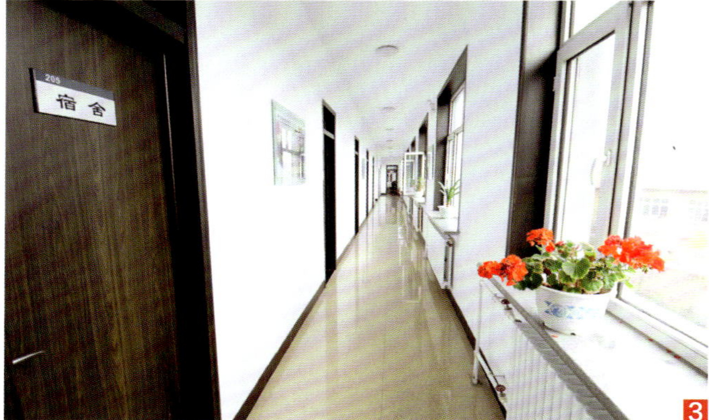

1. 临河运营维修段苏宏图车间职工蔬菜大棚
2. 集宁工务段卓资山东线路车间职工健身运动
3. 集宁工务段职工宿舍
4. 包头南站职工采摘蔬菜
5. 锡林浩特综合维修段义丰工区职工食堂

郑州车务段生活区景观一角

郑州局集团公司“三线”建设概览

郑州局集团公司坚持以职工为中心的工作导向，紧随生产、劳动组织改革和修程修制改革步伐，大力实施美丽郑铁建设三年行动，坚持“共建、共享、共管”原则，建立完善“三线”建设标准，分年、分线推进“建管用”一体化。2021 年以来，郑州局集团公司先后投入“三线”建设资金 4.65 亿元，重点对陇海线、瓦日线、京广高铁、郑万高铁等 12 条线路沿线站区职工生活文体设施进行补强，新建和改造小食堂 3500 间、小浴室 1870 间、小宿舍 7434 间、小活动室 586 间、晾衣房 222 间、小种养区 442 个等，沿线职工生活品质得到全面提升。

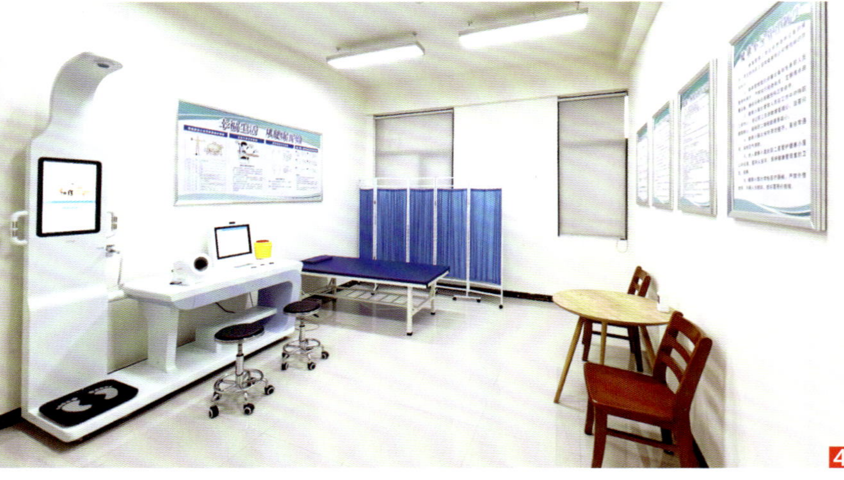

1. 洛阳北站一体化综合生产区篮球场地
2. 洛阳供电段南阳接触网维修一工区庭院景观一角
3. 南阳西站职工书屋
4. 集团公司调度所健康小屋
5. 兰考车站职工食堂

1

2

1. 郑州工务机械段大修施工车间职工宿舍
2. 洛阳电务段南阳东车间月河店工区小菜园
3. 郑州工务机械段大修施工车间餐车
4. 郑州北车辆段职工活动中心
5. 新乡供电段送文艺进班组慰问活动

3

4

5

宜万线恩施综合维修车间

武汉局集团公司“三线”建设概览

武汉局集团公司坚持以人为本，突出共享普惠、因地制宜、统筹规划、节俭务实、有序推进，深化改善职工生产生活条件。2021年以来，武汉局集团公司累计投入资金3.6亿元，其中工会投入1.35亿元，新建和整治补强职工单身宿舍、小食堂、小浴室、小菜园、文化活动室等1.2万个，进一步完善管内沿线生产生活设施，保持管内沿线站区优美整洁的生活环境、积极向上的文化环境、健康文明的卫生环境，满足提高职工生活品质的需求，打造具有武汉局特色的职工生产生活设施建设管理模式，筑牢企业与职工命运共同体，不断提升广大职工获得感、幸福感、安全感。

1. 武昌车务段职工书屋
2. 集团公司 2023 年医疗巡诊活动启动仪式
3. 信阳电务段平桥信号工区更衣间
4. 武汉通信段职工宿舍

1. 武汉高铁工务段蕲春南综合车间果园和跑道
2. 江岸车辆段武昌东运用车间职工晾衣房
3. 信阳工务段东双河维修工区小菜园
4. 驻马店车务段大刘庄站区小菜园
5. 集团公司 2023 年“文化列车千里行”送文化到一线志愿活动

宝鸡车务段观音山站区电梯

西安局集团公司“三线”建设概览

西安局集团公司以创建西铁美好家园为载体，深入实施“激励、健康、建家、文化、创新、幸福”六大工程，不断加大建设投入力度，多角度、全方位提升职工生活品质。大力推进职工生活配套建设，2023 年新建 21 栋公寓楼，打造 270 辆宿营车为“移动宾馆”，建成标准化宿舍 10055 间，整修卫生间 660 间、洗浴室 289 间，改造小食堂 178 间，为沿线站区的生活区、办公区配备热水宝 3787 台，职工生活品质得到不断提升。大力发展文化事业，新建和改造提升管内沿线站区文化活动场所 333 处，创作一大批职工喜闻乐见的节目，将文化送到管内沿线站区，实现站区慰问演出全覆盖。

1. 安康机务段单身公寓
2. 安康工务段巴山站区运动场地
3. 集团公司开行文化列车丰富沿线职工文化生活
4. 集团公司健康列车为职工体检

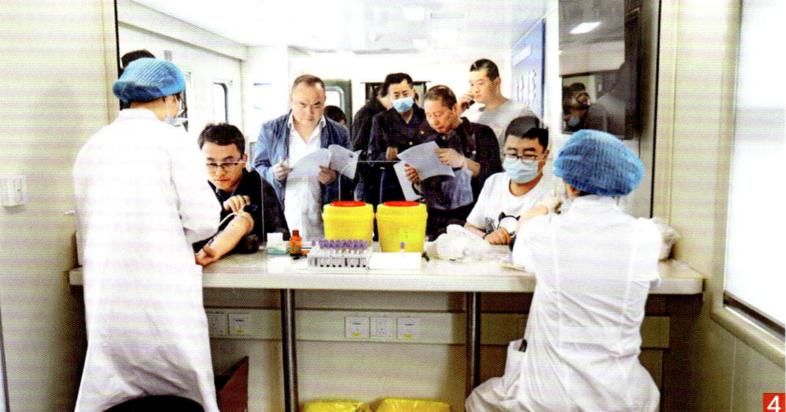

1. 新丰镇地区女子公寓宿舍
2. 西安工务机械段宿营列车用餐区
3. 西安机车检修段职工之家
4. “会聚良缘　幸福列车”青年交友活动
5. 巴山第四十届路地群众运动会文体展演

济西站站区全景

济南局集团公司“三线”建设概览

2021 年以来，济南局集团公司持续深化“三线”建设，以建设“美丽济铁”为目标，以示范站区、标准化站区、精品站区和高铁小家建设为载体，大力开展职工标准化生活职场建设，打造职工“美丽家园”。投入资金 4.8 亿元，建设标准化职工食堂 42 间、宿舍 1700 余间、浴室 172 间、工作服洁净室 279 间、健康屋 512 间、文体活动中心 4 间；开展送文化到一线、文化采风、文化艺术节、安全生产运动会和各类体育比赛活动 300 余场次，推动“三线”建设品质全面提升。

1. 烟台车务段职工宿舍
2. 济南西站职工健康屋
3. 济南西车辆段健康巡诊活动
4. 兖州工务段兖州线路车间院落
5. 青岛客运段职工食堂

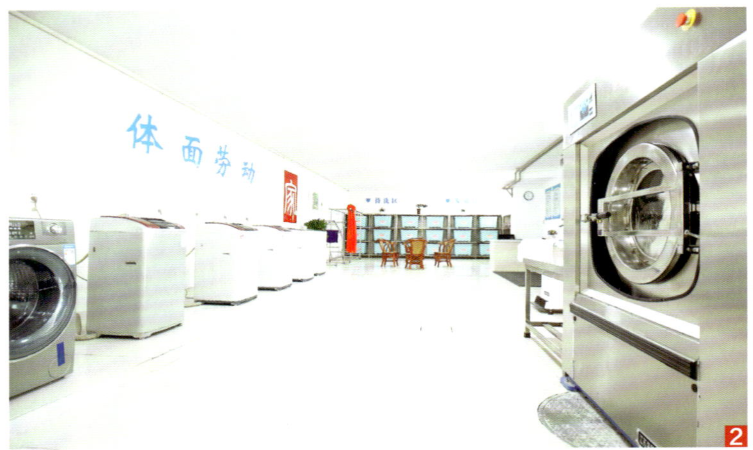

1. 济南西机务段职工浴室
2. 济南机务段工作服洁净室
3. 烟台车务段龙口市站菜园
4. 集团公司“送文化到一线 ”志愿服务行动
5. 高密北站篮球场

芜湖工务段祁门南综合维修工区

上海局集团公司“三线”建设概览

上海局集团公司以标准化建设为基础、规范化管理为依托、品质化发展为方向，持续提升“三线”建设内涵与品质，从解决局部问题到整体谋篇布局，从满足职工基本需求到稳步改善职工生产生活条件，进而实现“三线”建设人性化、集约化、精细化、智能化。2021 年以来，上海局集团公司“三线”建设共投入资金 6.8 亿元，其中行政投入 5.6 亿元，工会投入 1.2 亿元，新建及改造站区 600 余个。上海局集团公司新增行车公寓、单身宿舍床位 3550 张，创建健康食堂 231 间，健康伙食团 1560 个，工务宿营车改造及供电装备增设完成率 100%；现有职工文体活动场地 2651 处，健康保健室 3000 余间，主要运输站段配备自动体外除颤器（AED）急救设施 310 台，班组小药箱覆盖率达 100%。

1. 南京桥工段金坛综合维修车间
2. 合肥高铁基础设施段安庆西综合维修车间
3. 上海机辆段职工活动中心自动体外除颤器
4. 淮安高铁基础段东台综合维修工区职工宿舍晾衣房
5. 南京南站职工餐厅

1. 徐州房建公寓段连云港公寓宿舍
2. 杭州机辆段职工阅览室
3. 杭州机辆段文体馆
4. 南京动车段南京南动车所小种植区
5. 南京动车段徐州东动车所职工书屋

福州工务段宁德综合工区院落

南昌局集团公司“三线”建设概览

南昌局集团公司在“三线”建设中，坚持以人为本，聚焦职工对美好生活向往和生产生活实际需求，围绕因地制宜、共建共享、育人铸魂的建线理念，按照“新线一步到位、老线有序轮动”的建线规划，深化书香南铁、绿色家园、健康生活建线内涵，接续发力、久久为功。2021 年以来，新建和改善职工单身宿舍 5954 间、食堂 1295 间、阅览室 810 间、健身活动室 433 间、小菜园 560 个、小养殖场 212 个，把管内沿线站区打造成南铁职工满意之家、幸福之家、活力之家。

1. 抚州工务段综合维修工区单身宿舍
2. 鹰潭工务机械段流动宿营车健康休闲区
3. 南平工务段铁关村线路维修工区伙食团
4. 鹰潭机务段职工食堂

1. 上饶车务段上清站蔬菜种植园
2. 南昌机务段孺子书房
3. 永安工务段永安南路桥车间青州路桥工区篮球场
4. 鹰潭工务机械段流动宿营车健身区

肇庆培训所休闲亭

广州局集团公司“三线”建设概览

广州局集团公司以循环推进安全优质标准线建设为龙头，坚持“集中建设、统一管理”思路，推进一体规划、一体定标、一体管理，统筹抓好“三线”建设。2021 年以来，累计投入 33.2 亿元，其中生产生活设施投入 10.5 亿元，共建成食堂（伙食团）660 间（其中提质改造项目 233 个）、宿舍 3888 间、学习文化（活动）室 458 间、职工健康保健室 1004 间、体育场所 456 处、小菜园 336 个、小养殖场 241 个、配齐小药箱 7164 个，全面覆盖管内 58 条线路，其中普铁 33 条、高铁 25 条，沿线职工生产生活条件持续改善，职工的获得感和幸福感大幅提升。

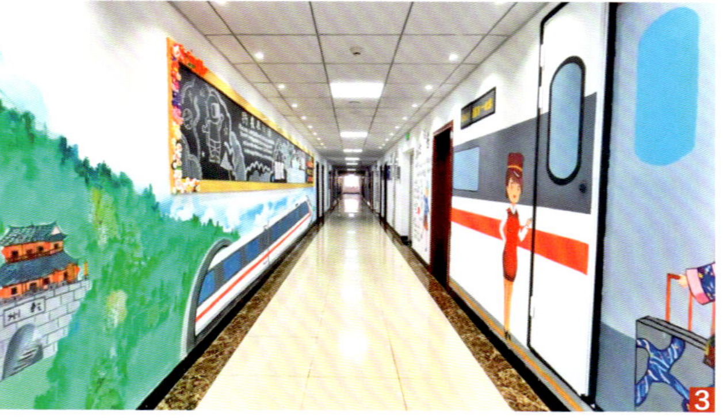

1. 古文西站网红路牌
2. 肇庆职工培训基地文化长廊
3. 张家界车务段吉首东站职工文化长廊
4. 古文西站茶文化展示板
5. 广州动车段广州南所女职工爱心屋

1. 广州南行车公寓职工食堂
2. 广州房建公寓段职工心灵家园
3. 长沙车务段捞刀河站小菜园
4. 长沙车务段益阳西站小菜园
5. 集团公司第四届职工健康运动会表演

覃塘站景观一角

南宁局集团公司“三线”建设概览

南宁局集团公司以建好“宁铁幸福家园”为目标，以站区一体化融合建设为重点，不断推进山区铁路“三线”建设深入开展。近3年来，以“三线”补强建设为重点，紧盯管内沿线站区“吃、住、行”难点问题，持续投入资金超过3亿元，建成单身宿舍、保租房400多套，为站区新增、更换空调1700多台，为管内沿线站区伙食团更换不锈钢橱柜超过200套。南宁局集团公司以南昆线八渡站区为试点，按照“共建、共治、共享”的原则打造车务、工务、电务、供电等多专业融合的普速铁路站区模型，并在南昆线百威段全面推广；探索职工“自己动手建家园”模式，引导、鼓励职工参与家园建设，先后解决了进站道路修补、宿舍美化、“小种养”特色化等问题；以南崇、贵南高铁建设为切入点，制定“三线”建设标准，确保新线职工生产生活设施同步达标投入使用。

1. 南宁电务段湛江信号车间职工宿舍
2. 南宁南车辆段南宁南检修车间间休室
3. 南宁电务段职工宿舍文化墙
4. 房产生活段河池西公寓食堂

1. 南宁车辆段医企合作医务室
2. 柳州车务段罗城站小菜园
3. 米山站小鱼池
4. 平南南站职工生活庭院
5. 集团公司“壮阔七十载奋进新征程”文艺汇演

5

兴隆场车站生活楼

成都局集团公司“三线”建设概览

成都局集团公司坚持以人民为中心的发展思想，聚焦职工急难愁盼问题，重点围绕既有线补强、新线示范线建设，大力实施站区一体化打造、健康饮水、暖鞋暖衣等民生项目，努力满足广大职工对美好生活的向往，进一步凝聚助推西南铁路高质量发展的动力源泉。2021 年以来，成都局集团公司投入“三线”建设资金 7.7 亿元，对 11 条主要干线完成补强升级，示范建成 6 条铁路新线；改造 CT 检查车 2 辆，实现火车上就能“打 CT”，持续开行健康列车，建成“成铁爱康”互联网医疗服务平台，24 小时在线为职工提供医疗服务；创建完成健康食堂（伙食团）658 间，新建单身宿舍（间休室）1775 间，改造宿营车 113 辆，更换单身宿舍家具 7619 套；新建补强文体活动阵地 700 余处，配置跑步机、综合训练器等大型健身设备 1500 余件。职工关心的普遍性热点、难点问题得到有效解决，民生实事品牌实现提质创优，职工获得感、幸福感、安全感进一步提升。

1. 兴隆场枢纽站区职工通勤车
2. 成都机务段机车乘务员“大车驿站”
3. 绵阳车务段小溪坝站区
4. 贵阳工务段遵义东综合维修基地红色文化墙
5. 重庆机务段兴隆场编组站一角

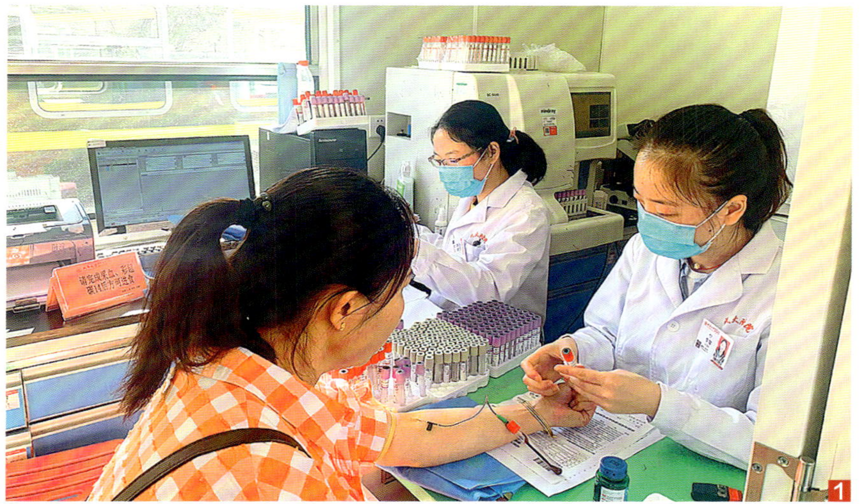

1. 成昆线米易站区职工健康巡诊
2. 成都动车段共建共享开心农场
3. 集团公司开行健康体检列车
4. 集团公司职工健身排舞展演
5. 重庆机务段五环体育活动中心

普洱基础设施段西双版纳站食堂和宿舍楼

昆明局集团公司“三线”建设概览

2021 年以来，昆明局集团公司坚持以人民为中心的发展思想，深入贯彻落实习近平总书记把中老铁路建成“一带一路”和中老友谊的标志性工程的指示精神，以《“十四五”改善职工生产生活条件规划》为牵引，共投入资金 3.95 亿元，其中工会投入生活后勤建设资金 8328.04 万元，在抓好新建铁路“三线”建设的同时，对既有线实施生产生活设施“三年提质改造工程”，持续提升职工生活品质，服务职工美好生活需求，合力共建幸福昆铁家园。截至 2023 年，昆明局集团公司共建成标准化职工食堂 720 间、宿舍 9939 间、浴室 4036 间、活动室 256 间、台球室 62 间、乒乓球室 75 间、健身房 78 间、篮球场 142 个、羽毛球场 54 个、足球场 15 个、洗衣房 270 间、晾衣棚 103 个，让企业发展成果与职工共享，不断提升职工获得感、幸福感、安全感，建设更加紧密的企业与职工命运共同体。

1. 开远工务段通海线路维修工区职工食堂
2. 普洱基础设施段玉溪综合维修工区食堂
3. 普洱车务段西双版纳综合维修车间职工驿站
4. 昆明南工务段曲靖北站区职工晾衣房

1. 开远工务段瑶山线路维修工区职工小菜园
2. 广通工电段职工小菜园
3. 昆明车辆段食堂新春喜乐会
4. 普洱职教基地篮球场
5. 集团公司工会开展医疗巡诊活动

兰州西机务段时光隧道

兰州局集团公司“三线”建设概览

2021 年以来，兰州局集团公司深入贯彻以人民为中心的发展思想，认真落实国铁集团《“十四五”改善职工生产生活条件规划》，按照“补强较大地区、倾斜艰苦地区、解决现场急需、促进整体提升”的建线要求和“满足必须、功能配套、适度超前、略有冗余”的工作原则，先后投入 2.4 亿元，其中行政投入 1.2 亿元、工会投入 1.2 亿元，立项 363 项“三线”建设项目，改造补强新建宿舍、伙食团、浴室、卫生间、职工活动室等，投入 802.68 万元，补强小菜园 343 个、小药箱 2838 个。深入推进文化线、生活线、卫生保健线建设，坚持优化机制、深度调研、集中研讨、精准立项、综合补强，有效提升了“三线”建设管理精益化、常态化、长效化水平。

1. 兰州高铁基础设施段天水南综合维修工区健身步道
2. 兰州车务段河口南站沙枣轩凉亭
3. 兰州车务段张家祠车站职工宿舍

1

2

3

1. 兰州车辆段兰州西动车所职工浴室
2. 嘉峪关供电段职工食堂
3. 天水南站职工活动室
4. 兰州西工务段兰州北线路车间小菜园
5. 银川房建公寓段银川高铁公寓减压室

4

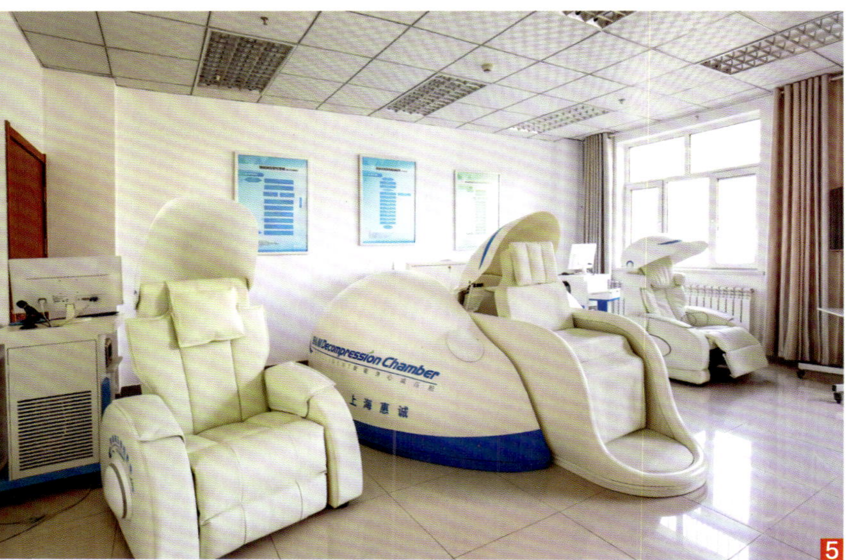

5

哈密铁路健身中心

乌鲁木齐局集团公司“三线”建设概览

2021年以来，乌鲁木齐局集团公司聚焦职工美好生活向往，围绕“三线”建设，累计投入3.78亿元实施“绿色取暖”“明厨亮灶”“幸福饮水”“幸福洗浴”“幸福餐桌”等系列民生工程，补强管内沿线站区文体设施，新建及改造小文化室（阅览室）56间、小活动室（场）120处，实现职工人均拥有活动场地2.6平方米；升级165个小站无线网络，更换安装沿线站区净水机430台；推进“小种植、小养殖”建设，建成小菜园、小养殖场179个；新建基层单位运动健康管理室12间、职工服务中心13间、职工驿站11间、铁路爱心屋5间；开展“最美食堂”“最佳厨师”竞赛评比，评选表彰“最美厨师”100名，提升了“三线”建设品质，全力打造企业与职工共建共享、和谐奋进的命运共同体。

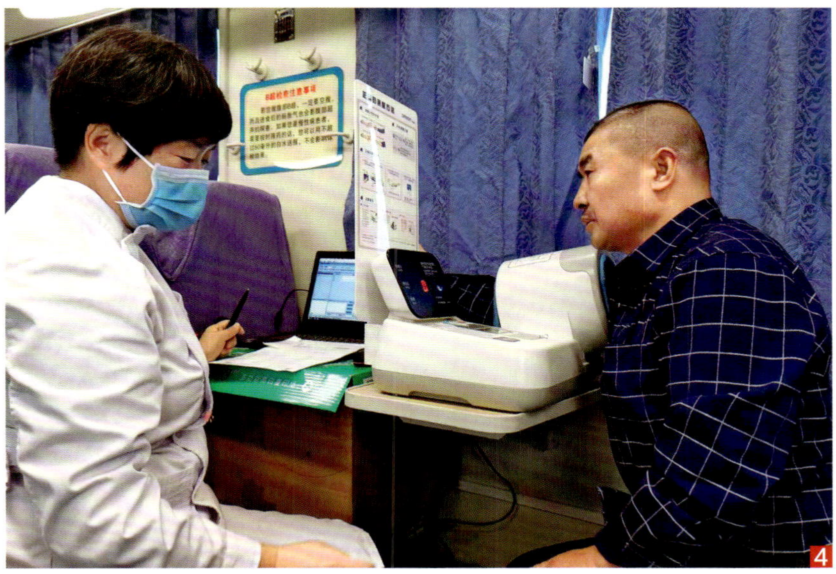

1. 乌鲁木齐房产公寓段乌鲁木齐乘务公寓职工食堂
2. 若羌站职工工作区休闲中庭
3. 库尔勒车辆段职工阅读室
4. 集团公司健康体检列车为管内沿线职工提供体检服务

1. 乌鲁木齐西车辆段职工驿站
2. 库尔勒车务段青工家苑
3. 乌鲁木齐工务段吐鲁番线路车间葡萄园
4. 集团公司青年职工集体婚礼
5. “筑梦乌铁”职工才艺大赛

拉萨职工文体中心阳光房

青藏集团公司“三线”建设概览

青藏集团公司以建设“幸福天路”为目标，按照“统筹安排、高标定位、协调推进”的工作思路，积极推进“三线”建设项目的贯彻落实。2021 年以来，青藏集团公司累计投入资金 3.07 亿元，其中工会投入 3937.99 万元，新建、改建、整修职工宿舍 7.96 万平方米、职工伙食团 113 个、职工书屋 27 间、健康管理室 354 间、移动信号站点 43 个、高原绿色氧吧 14 个、制氧站 8 个，同步推进供暖、给排水改造和“八小设施”建设等一大批项目实施，努力改善职工生产生活环境，进一步把关心关爱职工落到看得见、摸得着的实处，职工的获得感、幸福感、安全感不断提升。

1. 德令哈工务段饮马峡站区阳光房
2. 西宁客运段庭院一角
3. 西宁房建生活段西宁供水车间庭院一角
4. 拉萨车务段日喀则站活动室

1. 西宁通信段德令哈通信车间食堂餐厅
2. 格尔木房建生活段拉萨供暖工区职工宿舍
3. 格尔木电务段格南信号车间职工书屋
4. 格尔木工务段乌图美仁线路车间菜园

中铁五局六公司成渝项目部驻地

中铁工程集团公司“三工”建设概览

中铁工程集团公司坚持党建引领，以“共建共享”为目标，突出“家”文化融合，打造项目“三工”建设升级版“幸福之家十个一”工程，增进“一起暖”民生福祉，将职工之家、心灵驿站、职工书屋、母婴室等建设作为工会工作的具体实践，用心、用力、用情为职工办实事，推进和谐劳动关系和幸福企业建设。2021 年以来，中铁工程集团公司累计投入“三工”建设资金约 29 亿元，其中工会累计投入 2.1 亿元，新建及改造职工宿舍 52 万平方米，新建职工食堂 6809 间、职工文化活动室（场馆）5377 间、职工书屋 4274 间、小菜园和小养殖场 1988 个，配备医务室（小药箱）13398 个。

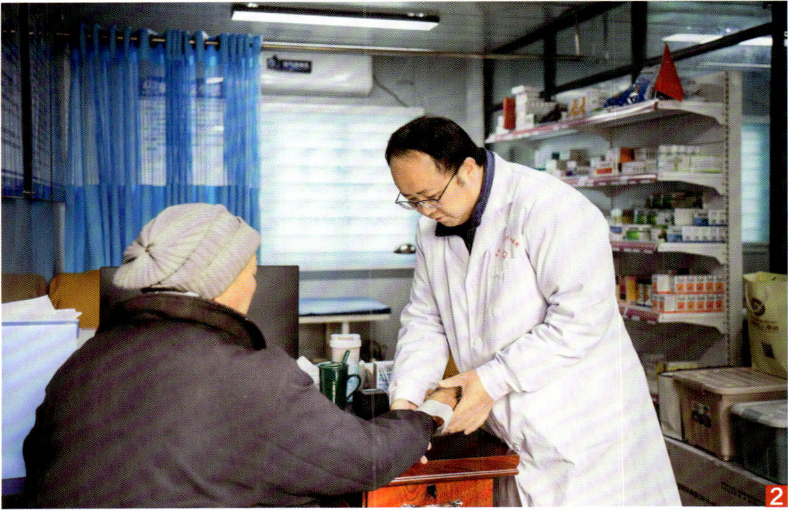

1. 中铁五局建筑公司项目部户外劳动者综合服务站
2. 中铁六局项目部医务室
3. 中铁二局上海公司沪苏湖铁路项目部职工宿舍

1. 中铁三局基层员工休闲驿站
2. 中铁一局二公司项目部农民工维权中心
3. 中铁六局项目部反向探亲活动合影
4. 中铁二局川藏项目部篮球场

中铁十二局一公司厦门地铁项目部驻地

中铁建筑集团公司“三工”建设概览

中铁建筑集团公司立足共建共享，聚焦职工职业全周期和多层次需要，全力推进“品质建家”，倾力打造“铁建家文化”。2021 年以来，中铁建筑集团公司各级工会累计投入资金 2.41 亿元，因地制宜建设各式探亲房7854 间、工地书房 3765 间、心灵驿站或减压室 535 间、妈咪屋 448 间、健身小屋 2878 间、篮球场 2824 个、安全积分超市 659 个、卫生所 726 间，更好满足了一线职工工作、生活、学习、交流、休闲、健康等需求。

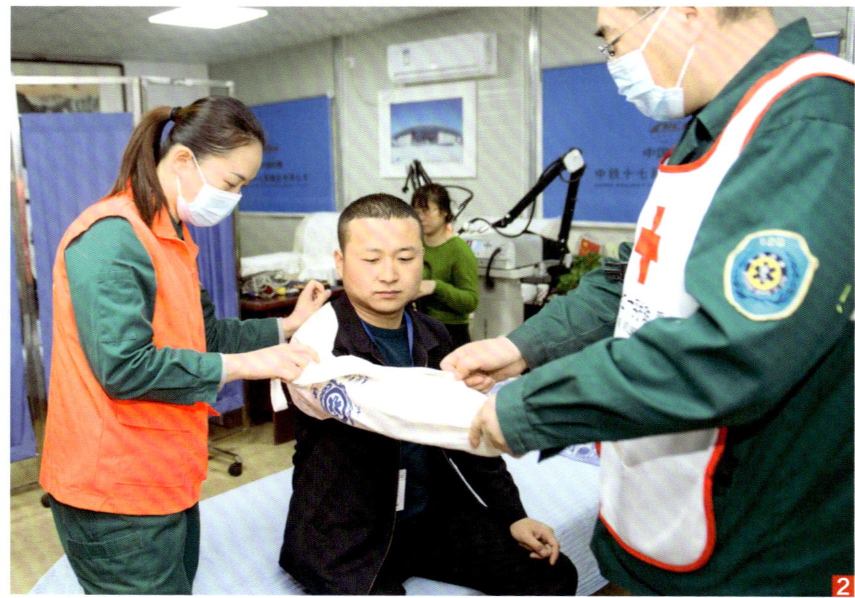

1. 中铁十八局川藏铁路项目部工地医院
2. 中铁十七局中心医院送健康到山投青运村项目经理部
3. 中铁城建项目部一角
4. 中铁城建南昌公司中恒唐凤商业中心项目部亲子房

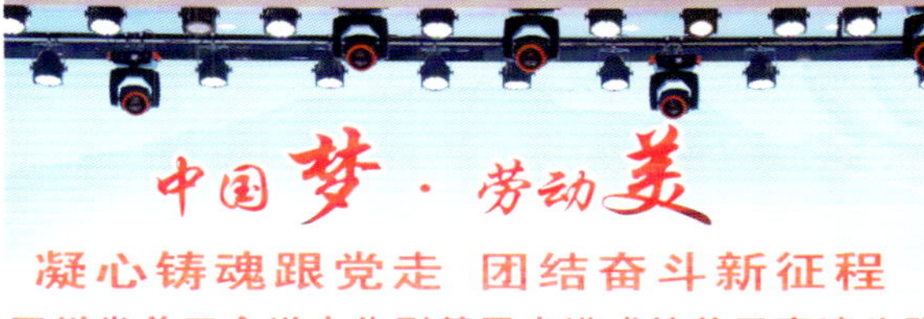

1. 中铁城建集团二公司庆盛安置房项目部职工书屋
2. 中铁城建南昌公司女职工活动室
3. 中铁十七局城建公司增天高速公路项目部职工餐厅
4. 中铁十七局“全国最美户外劳动者综合服务站点”
5. 中铁十八局项目部职工菜园
6. 中铁二十三局工会承办四川省总工会送文化到成绵苍巴项目部活动

沈阳公司转向架分厂新小家

中国中车集团公司“三线”建设概览

中国中车集团公司着力推进“新小家”建设工作，把打造中车特色“家”文化作为活动的总目标，立足“一线班组”“售后站点”“海外企业”开展“建家”活动。2021 年以来，中国中车集团公司各级工会共计投入专项资金近 3 亿元，累计建成“新小家”6370 个，全面满足职工群众就餐、饮水、更衣、洗浴、文化等多方面需求，让职工感受“家”的温暖、享受“家”的快乐。

1. 株洲所时代电气“终生学习”小家
2. 太原公司总组装车间现场小家
3. 常州公司职工心理咨询室（EAP 工作室）

1

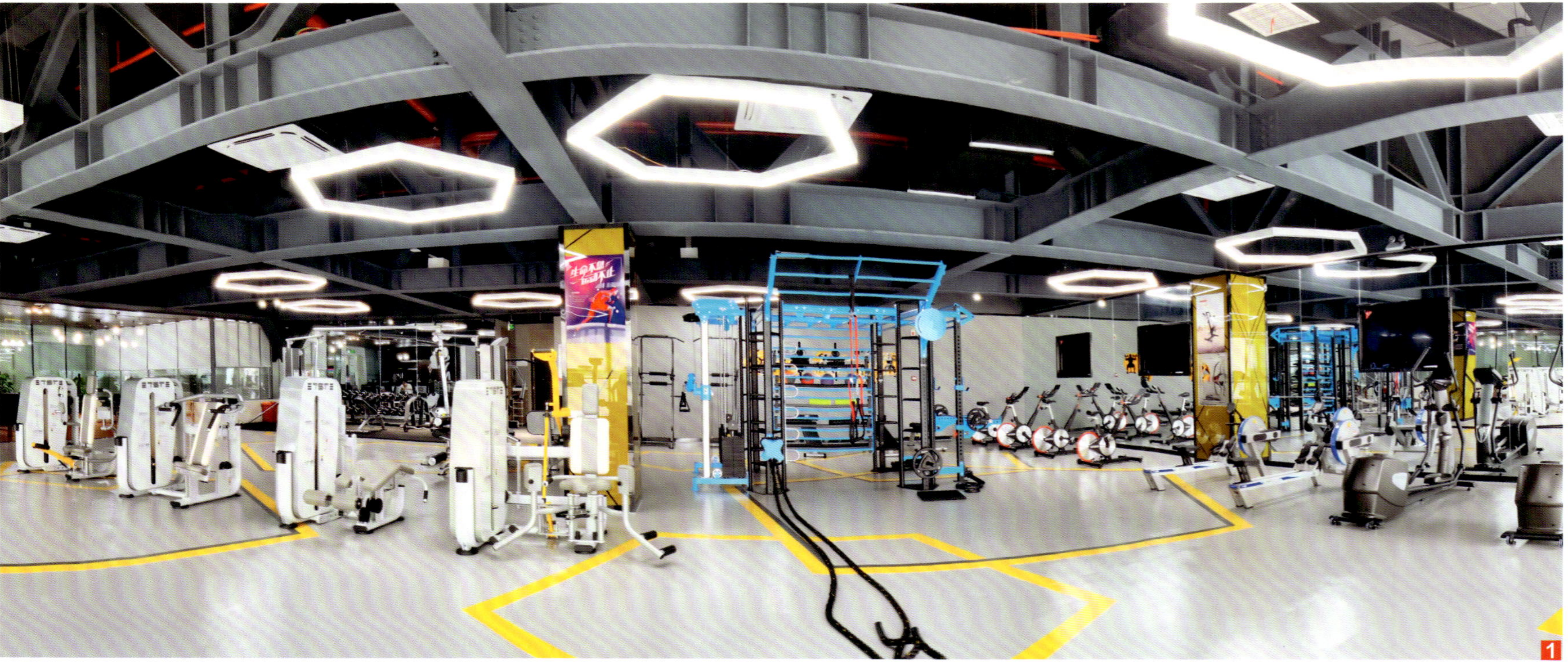

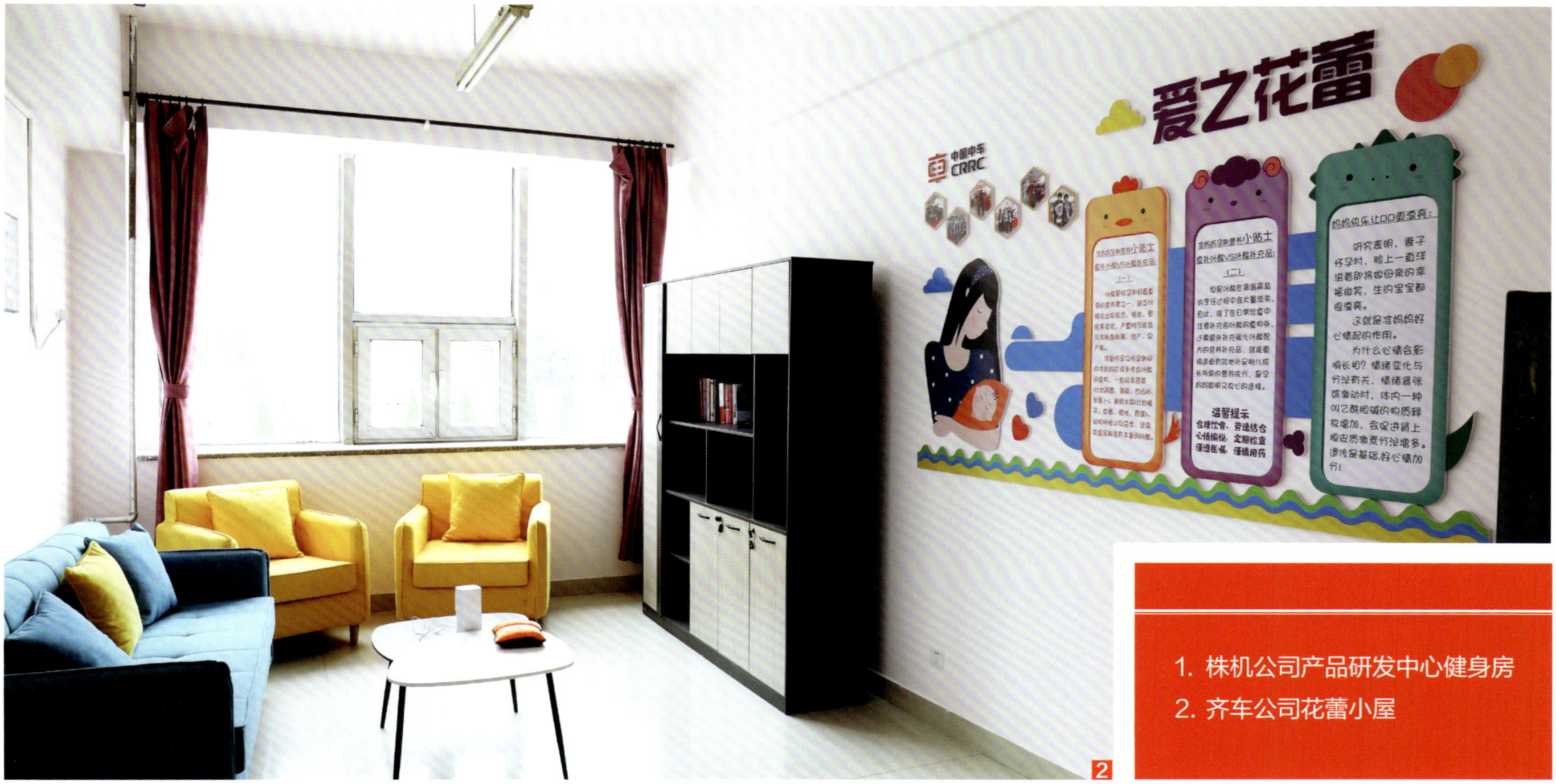

2

1. 株机公司产品研发中心健身房
2. 齐车公司花蕾小屋

西延高铁项目部职工宿舍

中铁通号集团公司“三线”建设概览

中铁通号集团公司连续多年持续推进“三线”建设，旨在提高民生福祉、提升职工生活品质，充分结合“我为群众办实事”活动，因地制宜、统筹兼顾，将“三线”建设与项目管理、文化建设结合，为广大职工创造了良好的工作、学习和生活环境；积极发动工程项目部在项目区内及周边，打造绿色“菜园子”，形成各功能区布局合理，具有现代化学习体验设施的职工小家，开辟小菜园、小鱼塘、小养殖场，用复合种养殖理念，为项目部提供大量新鲜蔬菜、鸡鸭鱼等改善职工伙食，真正做到为职工办实事、办好事。

1. 南阳宛城区中医院项目部小菜园
2. 成都公司渝昆枢纽项目部餐厅
3. 西安公司职工宿舍探亲房

1. 济南公司职工书屋
2. 天津公司职工书屋
3. 天津公司母婴室

中国物流集团公司职工书屋

中国物流集团公司“三线”建设概览

中国物流集团公司聚焦围绕中心、服务大局主线，将“三线”建设作为提升职工生活品质工作的有力抓手，把竭诚服务职工群众，为职工办实事、办好事、解难事贯穿工会工作始终，关心爱护职工职业健康，不断增强工会组织活力，为职工营造出和谐、温馨的文化氛围和良好环境，不断增强职工的获得感、幸福感、安全感。中国物流集团公司自成立以来共投入资金 5370.75 万元，其中工会投入资金 1329.61 万元，新建和改造 88 间职工小家、36 间职工书屋、22 间职工学习室、87 间职工宿舍、58 间职工食堂、14 间多功能体育馆、43 间健身房、5 个小菜园、2 个小果园、1 个小养殖场、1 个小花园，配备健康小药箱 529 个，组织职工文体活动 339 场次，组织健康知识讲座和巡回义诊 58 次，发放健康知识书籍 2000 余册。

1. 成都公司阳光花屋职工绿色家园
2. 成都公司端午节职工食堂活动
3. 诚通公司南京诚通物流园区小菜地

1

2

3

1. 铁鹏水泥公司职工活动中心
2. 中储智运职工篮球馆
3. 中储智运运营中心活动室

中铁集装箱公司“三线”建设概览

2021 年以来，中铁集装箱公司持续改善职工生活设施，实现好、维护好、发展好职工的根本利益，其中工会投入资金 139 万元，用于打造职工书屋、职工活动室、职工餐厅、职工浴室等基层生产生活设施，充分满足职工生活与精神文化需求，引导职工建立健康生活习惯，进一步深化企业与职工命运共同体建设，汇聚推动公司改革创新发展的正能量。

1. 兰州分公司职工读书室
2. 南昌分公司食堂用餐区
3. 郑州分公司职工之家活动室
4. 南宁分公司职工活动室

中铁特货公司“三线”建设概览

中铁特货公司始终坚持以职工为本，想职工之所想、急职工之所急，不断优化改善职工生产生活条件，加强卫生和健康管理保障，丰富完善各类文体活动，因地制宜推动各项建设。2021 年以来，中铁特货公司党政工团组织紧抓职工最关心、最直接、最现实的实际问题，累计投入资金约 4500 万元，用于补强“三线”建设，着重改善食堂、宿舍、采暖设施、排水环境等生活环境，新建或翻新职工休息室 32 间，职工食堂 12 间，小菜园、小养殖场 5 个，女职工爱心屋 3 间，图书角、图书室 12 间，卫浴设施 17 处，以各种方式为职工提供住宿场所 23 间，有效地推动了“三线”建设高质量发展。

1. 广州机械保温车辆段职工食堂一角
2. 柳州机械保温车辆段职工宿舍
3. 沈阳分公司职工之家
4. 基层女职工爱心屋

中铁快运公司“三线”建设概览

中铁快运公司设有 18 个区域分公司，营业机构近 1800 个，网络覆盖全国大部分市县，基层营业部和一线网点大部分为属地铁路局划拨用地或租用场地。为适应中铁快运公司生产经营用地实际情况，做细“三线”建设需求调研，做实设施设备投入，规范建设后期使用管理。2021 年以来，中铁快运公司“三线”建设累计投入资金 1117 万元，新建和整治职工食堂、浴室、卫生间、间休室、文体活动室、小菜园等 385 个，为一线职工配备“健康小药箱”4117 个，职工生产生活条件不断改善，企业凝聚力得到显著增强。

1. 昆明分公司职工食堂
2. 乌鲁木齐南站营业部职工之家
3. 北京朝阳站营业部职工活动室
4. 昆明站营业部健身房

铁科院集团公司『三线』建设概览

铁科院集团公司坚持稳步提升职工生活品质的工作理念、不断满足职工各个层面需求，结合《中国铁道科学研究院集团有限公司“十四五”发展规划》，扎实推进“三线”建设，切实改善职工生产生活条件。2021 年以来，铁科院集团公司建设改造“铁路爱心屋”9 间、职工休闲角 9 个、职工小家 207 个。2022 年，铁科院集团公司对院文化宫、室内外文体活动场地、院职工食堂等进行建设打造，新增 9 个、共计 5400 平方米的文体活动场地，建成职工体质测试中心，充分保障职工文体活动硬件条件。各项建设成果提升了职工的获得感和幸福感，增强了职工对企业的认同感和归属感，构建了更为紧密的企业和职工命运共同体。

1. 铁科院集团公司文化宫
2. 铁科院集团公司室外篮球场
3. 铁科院集团公司文化宫内部食堂一角
4. 环保所上门为武清基地职工体检
5. 职工体质健康监测中心

设计集团公司『三线』建设概览

设计集团公司认真落实“三线”建设部署，建立健全服务关爱驻外机构职工制度机制，为长期驻外机构职工配备文体生活设施。2017 年以来，设计集团公司累计投入资金 104 万元，为 67 个项目部配备生活文体设施 202 台（套），其中近 3 年共为 17 个驻外项目部配备生活文体设施 49 台（套）。各驻外项目部切实管好用好配备的各类文体设施，积极开展乒乓球、台球、篮球、网球和卡拉 OK 比赛等活动，丰富了长期驻外职工的业余文化生活，让长期驻外职工体会到“家”的感觉。

1. 大连项目部篮球网球场
2. 龙龙高铁项目部餐厅
3. 菲律宾项目部活动室
4. 塞尔维亚项目部活动室

川藏铁路公司『三线』建设概览

2021 年以来，川藏铁路公司持续改善职工生产生活条件，对管内沿线驻地进行修缮，为职工宿舍和餐厅配备净水机、消毒柜、床上四件套等生活用品，打造干净、整洁、舒适的居住和用餐环境；针对建设现场海拔高、自然条件恶劣等不利因素，积极开展健康咨询和巡诊服务，卫生健康保障更加有力；组织开展适宜高原地区的文体活动，丰富职工业余文化生活，不断提升职工获得感、幸福感和安全感。

1. 中铁二局川藏项目部驻地卫生所
2. 林芝职工食堂
3. 昌都项目部职工之家健身活动区
4. 昌都项目部职工之家读书室

国铁集团直属机关『三线』建设概览

2021 年以来，国铁集团直属机关为所属单位工会下拨“三线”建设专项资金，为 8 个直属单位职工宿舍和餐厅配备床、洗衣机、衣柜桌椅等生产生活用品，为职工提供整洁、优美、舒适的居住和用餐环境，增强职工的获得感、幸福感、安全感。国铁集团直属机关各级工会组织为职工搭建健身活动场所 13 个和阅读室 23 间，积极组织开展职工文体活动，丰富职工业余生活和精神文化生活，提升职工自身素质，增强职工凝聚力和向心力。

1. 国际公司中老铁路项目教服公司职工书屋
2. 国际公司境外铁路项目职工书屋
3. 组织职工参观大兴蔬菜基地

1. 国际公司中老铁路项目活动室
2. 直属机关开展健康讲座
3. 直属机关举办羽毛球赛

图书在版编目（CIP）数据

美好家园：全路“三线”建设成果掠影 / 中华全国铁路总工会编著. —北京：中国铁道出版社有限公司，2023.12
ISBN 978-7-113-30965-7

Ⅰ. ①美… Ⅱ. ①中… Ⅲ. ①铁路工程－工程建设－中国－摄影集
Ⅳ. ① F532.7-64

中国国家版本馆 CIP 数据核字（2023）第 248667 号

书　　名：美好家园——全路“三线”建设成果掠影
作　　者：中华全国铁路总工会

责任编辑：王　鑫　　　　**编辑部电话：**（010）51873407
装帧设计：刘　莎
责任校对：苗　丹
责任印制：樊启鹏

出版发行：中国铁道出版社有限公司（100054，北京市西城区右安门西街 8 号）
网　　址：http://www.tdpress.com
印　　刷：北京盛通印刷股份有限公司
版　　次：2023 年 12 月第 1 版　2023 年 12 月第 1 次印刷
开　　本：880 mm × 1 194 mm　1/12　**印张：**7.5　**字数：**100 千
书　　号：ISBN 978-7-113-30965-7
定　　价：128.00 元
